오늘도 절필絶筆하려고 글을 쓴다

제47차 기획시선 공모당선 시집

오늘도 절필絶筆하려고 글을 쓴다

시산맥 기획시선 159

초판 1쇄 인쇄 | 2025년 9월 5일
초판 2쇄 인쇄 | 2025년 11월 5일

지은이 김경인
펴낸이 문정영
펴낸곳 시산맥사
편집주간 김필영
편집위원 최연수 박민서
등록번호 제300-2013-12호
등록일자 2009년 4월 15일
주소 03131 서울특별시 종로구 율곡로 6길 36. 월드오피스텔 1102호
전화 02-764-8722, 010-8894-8722
전자우편 poemmtss@naver.com
시산맥카페 http://cafe.daum.net/poemmtss

ISBN 979-11-6243-624-0 (03810) 종이책
ISBN 979-11-6243-625-7 (05810) 전자책

값 12,000원

* 이 책은 충주시, 충주문화관광재단의 후원을 받아 '충주문화예술지원사업'의 일환으로 발간되었습니다.
* 이 책은 전부 또는 일부 내용을 재사용하려면 반드시 저작권자와 시산맥사의 동의를 받아야 합니다.
* 이 책은 교보문고와 연계하여 전자북으로 발간되었습니다.
* 본문 페이지에서 한 연이 첫 번째 행에서 시작될 때에는 〈 표기를 합니다.
* 저자의 의도에 따라 작품의 보조 동사와 합성 명사는 띄어쓰기가 달라질 수 있습니다.

오늘도 절필絶筆하려고 글을 쓴다

김경인 시집

| 얼굴 내밀며 |

첫 시집을 낳고는 마치 불임처럼
좀처럼 詩가 잉태되질 않는다

사랑은 충분했지만 글이 영글지 않아
때를 기다릴 수밖에 없다

그저 흘려보낸 시간이 다는 아니니
탈고하는 순간까지도 머뭇거린다

'오늘도 절필絶筆하려고 글을 쓴다'
잘 빚은 시 몇 편에 마침표를 찍고
주저 없이 절필하고 싶은 마음이
글이 우렁찰 때까지 쓰겠다는 욕심으로 커간다

인연으로 이 시집을 만나는 독자들에게
단단하면서도 부드러운 기운으로 다가가기를
늘 지켜봐 준 가족과 함께 바란다

시를 쓰면서
자신을 돌아보는 것에 익숙한 사람이고 싶다

25년 가을
들어가기도 나오기도 어려운 서재에서
김경인

■ 차례

1부 다시 그리움

순백의 여인	19
당신의 무임승차는 무죄다	20
왈츠를 사랑한 여인	22
바람이 읽는 악상기호	24
다시 그리움	26
도처에 엄마가 계신다	27
햇볕 놀리지 마라	28
다시 돌아온 손 편지	30
그녀를 신神이라 부른다	32
오늘도 엄마가 웃었다	34
취급 주의	35
알밤 형제	36
허락해도 될까요?	38
늘 하나만 아는 사람	40
평소 금요일에 퇴근하는 기분으로	42
무탈한 인연	43
일상을 숫자로 쪼갠다	44
잉어와의 짧은 인연	46

2부 햇살이 머문 자리

생각 폴더방	51
나만의 루틴	52
템플 스테이	54
화선지	56
부메랑	57
그때 왜 그랬어요	58
향내를 지닌 여인	59
그래야 했지요	60
황금 나무	61
몽골을 말한다	62
시월을 접는다	65
곱돌 체험	66
가끔은 일탈을 꿈꾼다	67
순간에도 생각은 오만가지	68
늦바람이 낫다	69
당신답다	70
별장지기	72
쌓이는 것은 소리를 내지 않는다	73

3부　작지만 큰 의미

시詩에 고告한다	77
신뢰를 줍는다	78
생각 밖의 기억 털기	79
기억을 포쇄한다	80
알레르기 반응	82
짜깁기와 뒤집기	83
기대지 마세요	84
오늘도 절필絶筆하려고 글을 쓴다	85
작은 것의 큰 의미	86
추락하는 시詩	87
군중심리群衆心理	88
인간 뇌비게이션을 작동한다	90
생존전략生存戰略	92
모든 것에 대한 예의	94
이치理致를 자연에서 배운다	95
늘 그랬다	96
말言	98
생태계 교란종	99

4부 일상의 한 조각 안부

겨울 여인	103
천 개의 삶이 바람개비처럼 돈다	104
온전한 내 것은 처음부터 없었던 것을	106
명품 호박	108
힐링하기 1	110
힐링하기 2	111
정신 줄	112
아름다운 단상	113
요물을 찾는다	114
11월1일	116
계절이 전하는 안부	117
딱 고만큼만	118
나의 플랫폼	119
거우루 산방에서	120
표정 주름	122
시월은	123
이제야 삶의 감感이 온다	124
첫걸음마 뗀다는 건	125

■ 해설 _ 시적 완성의 지향과 깨달음의 미학
　박현솔(시인, 문학박사) _ 127

1부

다시 그리움

순백의 여인

설레는 떨림에도 날아갈까

님에 손에 의지하고 있다

가녀린 몸을 감싸며 진정시켜도

폰의 진동 모드가 몸을 울리는 듯

떨림은 투명한 레이스 밖으로 새어 나와

수줍은 내면을 제대로 투과시킨다

살포시 감싸든 부케도 흔들리고

눈꺼풀도 입꼬리도 파르르 경련이 인다

고스란히 전해지는 순수함에 심쿵하다

순백의 여인이 되는 마력에 빠지는 날

당신의 무임승차는 무죄다

KTX 티켓을 예매했다
가방과 설레는 씨름 중이니
이미 여행은 시작된 셈

세 자매의 여행길
두세 정거장만 가면 영락없다
95세가 무색할 깐깐하고 총명하신 분이
벌건 대낮 같은 세상에 무임승차다

계면쩍은 표정으로 슬그머니 곁에 앉는다
자연스레 넷이 되어 간다

추억 캐러 가는 여행길
화두가 엄마에서 엄마로 끝나니
주인공이신 그가 초대된 건 당연한 일
이번에도 출석이고 역시 무임승차다

막내에게서 엄마가 보인다
소녀 같은 생전의 억양과 몸짓을 흉내 내며
하늘에 계신 엄마를 부른 것이다

핑계 김에 한걸음에 와주신 엄마
아예 네 장을 예매했어야 한다

저 앞자리에 연세 드신 엄마를 모시고 가는 딸들
시선을 외면해도 눈가에 그리움이 떨어진다

우린 외친다
당신의 무임승차는 언제나 무죄라고…

왈츠를 사랑한 여인

우아한 기품을 품어내며

무대를 휘감아 도는 발레리나

온몸을 공중으로 날리는 듯

환상적인 고난도의 점프에 무아지경

정교한 균형감이 무중력 속 착지 같고

토슈즈의 비밀 같은 기법은

겉은 평온하나 안으로 격동하는

신비하고 심오한 내공에 매료된다

인형오르골에서 흘러나오는

사분의 삼 경쾌한 원무곡圓舞曲*에 맞춰

동화 속 인형들의 황홀한 춤이 절정이다

장미 향이 진동하는 오월이 오면

유독 왈츠를 사랑한 여인이 여기 있다

* 원무곡圓舞曲 : 사분의 삼 박자의 서양 춤곡.

바람이 읽는 악상기호

나를 필요로 하는 곳이 여기라고
늘 그 자리를 지키고 있는 나무에게
흔들려야 부딪쳐 소리를 낼 수 있다고
바람은 악상기호를 조율하듯 읽는다

감성을 조절하는 바람의 연주가
고저장단에 강약 조절을 하면서
모데라토에서 프레스토˚까지
안단테에서 아다지오 라르고˚˚까지
리드미컬하게 전율이 흐른다

감정의 기복을 알아채는 반응에
연인의 다정한 속삭임도 반주가 된다
울고 싶을 때 한 방에 울음보를 터트려
리듬에 맞춰 온몸으로 춤추게 한다

칼날 세운 냉랭한 경계음도 보내고
무방비한 순간에 혹독한 매운맛을 보고
몸값을 제대로 불릴 수 있는 위력에 반한다

* 모데라토, 프레스토 : 악보에서 빠르기를 조절하며 연주하라는 것.
** 안단테, 아다지오, 라르고 : 악보에서 느린 속도를 조절하며 연주하라는 것.

다시 그리움

그리움은 늘 실망이 없다
비집고 내 안에 들어와 안길 뿐

그리움에는 해코지가 없다
상처가 아니기에 더욱 그립다

안개처럼 뽀얗게 피어올라
애틋한 상상의 꽃을 피운다

늘 생각 언저리를 유희하는데
아련함에 꿈틀하는 조용한 일렁임

마음자리 한 곁에 다소곳이 앉아
살짝 들춰낼 때 그제야 내는 인기척

무심으로 던져 놓은 그리움에
헬륨풍선처럼 마음이 부풀어 오른다

도처에 엄마가 계신다

하루에도 몇 번씩 만난다
소리내어 부를 수도 잡을 수도 없는데
주방에도 거실 소파에도 계신다
화장대에 앉아 물끄러미 보고 계신다

거울 속에도 엄마가 계신다
보고 싶을 때는 거울을 보면 된다

고장 난 레코드판 위에 튀는 바늘처럼
반복적인 잔소리로 치부했던 말들이
스스럼없이 툭툭 입 밖으로 튄다
하나씩 울 엄마의 어록이 저장된다

햇볕 놀리지 마라

햇볕이 놀고 있단다

빈 빨랫줄도 직무유기감

빨랫줄 놀리는 것도 우리네 게으름이라고

볕이 샐까 아까워서 틈 없이 널어놓고

잡다한 일상들을 털어내신다

굽은 허리처럼 늘어진 빨랫줄이

삶의 무게가 버거웠을 종갓집 맏며느리 같은지

동병상련同病相憐의 연민으로

휘청거리는 바지랑대를 다시 곧추세워 놓신다

햇볕 놀리지 마라!

언젠가는 눈물 시린 그리움으로 다가올 텐데

햇볕 나는 많은 날을 난 어떻게 감당할까

양팔 벌려 온몸으로 받아안고 엄마 생각하겠지

다시 돌아온 손 편지

 잊지 못하는 것은 시간의 흐름에 맡기자! 스스로에게 화두를 던진다.
 '여기 적힌 먹빛이 희미해질수록
 당신의 사랑하는 마음이 희미해진다면 이 먹빛이 마름하는 날 나는 비로소 당신을 잊을 수 있겠습니다.' 윌리엄 워즈워드의 시 '초원의 빛'을 읊조린다. 첫 번째 연이 마음에 오래도록 남아 지금까지 시를 쓰게 하는지도 모른다.

 남편과 연애 시절 처음으로 부모님께 초대받아 인사를 드리고 그의 방에 갔다. 묘한 기분이 들었다. 책상 의자에 앉자마자 자랑하듯 펼쳐 있는 낯익은 편지를 보고 얼굴이 확 달아오르고 부끄러워 화가 났다. 커피를 타온 그에게 앞으로는 내가 보낸 편지 뒷면에다 꼭 답장을 써 달라고 했다.

 그는 영문도 모르고 덥석 부탁을 들어주었다. 첫 번째, 두 번째 받은 편지는 당연히 내게 있고, 내가 처음으로 보낸 편지의 답장부터 뒷면에 써주었으니 편지는 한 통도 유실 없이 내게 다시 와 케리어를 가득 채워 보물 1호가 되었다.

〈

 햇살 좋은 날 블루마운틴 커피를 내려 음미하면서 우리에게 고서古書만큼의 역사적 가치가 있는 편지를 들춰본다. 편지지나, 원고지가 누렇게 바래졌지만 볼펜으로 쓴 글씨가 사십여 년이 지난 지금도 충분히 읽을만했다.

 좋아하는 시의 첫 번째 연은 영원히 못 잊겠다는 역설적인 말이라는 것을 입증한 셈이다. 사랑의 힘이 이렇게 아름다운 것일까? 편지를 읽다 보니 가슴이 뛰고 얼굴이 상기되고 마음이 찡하기도 한 여러 반응이 나타난다. 편지를 주고받을 때부터 우린 이미 시인이었다.

 이제 육십여 년이 지나도 안심이다. 설령 글씨가 희미해지는 것과 사랑이 식어가는 것이 비례한다 해도 나이를 계산해 보면 용서할 수 있다. 엊그제 기억처럼 생생한 일들이 많다. 커피 향이 거실 안에 가득하다. 지금 여기 가득한 것이 어디 커피향뿐이겠는가?

그녀를 신神이라 부른다

구순을 훌쩍 넘기신 그녀를
우린 신神이라 부른다

세월 품은 고목이 영험해 보이는 날
사물을 꿰뚫는 혜안이 있는 울 엄마
육 남매를 예리한 꿈자리 축으로 조정한다

한 줌 햇살에 빛나는 백발
소녀 같은 감성의 발그레한 미소에서
그녀의 온유한 삶을 읽는다

추억 만들기에 기쁨조가 바쁜 하루
삼면이 통유리로 바다가 펼쳐진 호텔 스위트룸
코 앞에 바다가 있어 항해하는 기분으로
크루즈여행을 연상케 하는 전망 좋은 룸

육순, 칠순 넘어가는 육 남매와 사위들이
굳이 함께하는 방을 고집하며 엄마를 에워싸듯
옹기종기 너스레 떨듯 장난기를 발동한다
〈

쉼 없이 들락거리는 파도에 날밤 새우신 울 엄마
"파도는 밤새 잠시도 쉬지 않으니 참 힘들겠다"
관찰에는 자신의 심중이 있어 파도를 위로한다

어제 꿈에는 "난에 꽃이 피었더라?"
깜빡 졸기는 하셨는지 또 촉을 바짝 세우신다

"엄마 이번 여행 좋으셨어요?"
잠시 몇 초의 고요로 시선이 집중될 때
"하늘에서 네 아버지가 좋아하셨겠다" 에둘러 표현하신다
순간 맏사위는 폰을 꺼내 저장된 장모님에서
'申 총명 여사님'으로 바꿔 저장한다

오늘도 엄마가 웃었다

소소한 일상의 안부

전화 한 통화 하고도
우린 하늘을 본다

형제지간의 우애를
입에 달고 사신 분

오늘도 엄마가 웃었다

취급 주의

코드 블루!
코드 블루!
일제히 시선은 스피커로 향하고
반사적인 반응의 호출 받은 의사들
흰색 가운이 날리는 복도에 찬바람이 쌩한다

한 가닥 끈을 붙잡아 바짝 조이던 날
꼽힌 링거줄에 연결된 기구들
기계음의 수치로 즉감하는 신체 내부의 반란들
덜커덩, 쿵!
철제침대에 부딪히며 덜컹거리는 소리
인정머리 없는 차디찬 철판의 냉감에
닿기 전에 마음이 먼저 싸늘해진다

애달파하는 가족에게만 귀중품이었나
순간 머리를 스친다 취급 주의!
내일은 엄마의 목에 취급 주의 명찰을 달아드리자

알밤 형제

뚝 뚝 뚜두둑!
만삭이 되어 해산을 알린다
자연분만처럼
제 갈 길로 떨어지는 알밤

성질 급한 녀석은 조기 출산으로
마냥 햇살을 기다린다

경계를 알리는 까시 뭉치
두꺼운 겉껍데기 속 둥지 안에서
틈새 없이 앉아 있는 형제들

이 집은 일란성 쌍둥이
저 집은 이란성 쌍둥이
세 둥이 네 둥이 형제들이 오손도손
다둥이네 집에선 웃음소리 활짝

아롱이 다롱이 크기도 다른데
그 안에서도 형제의 난에 밀려
한쪽 구석에 끼어 있던 쭈그렁밤송이

영양실조 걸린 채 종일 둥지를 지킨다

네 역할이 중요했단다
네가 있어 속을 꽉 채워 우릴 실하게 해준
쭈그렁밤송이가 눈에 밟히는 알밤 형제

허락해도 될까요?

잠깐의 시간 단 하루만이라도

자연인처럼 살아보고 싶다네요

현대인의 분신인 핸드폰도 없이

가슴 설레는 한 권의 책만 손에 잡으면

배부르겠다고 하네요

하늘 향해 팔베개하고 누워

소리 한번 멋지게 질러보면서

자연이 일상인 것처럼

새소리, 물소리, 바람 소리와

모든 것을 소통하는 자연인처럼
〈

하루만이라도 살아보는 것이

내 남자의 로망이라네요

연장은 안 된다고 다짐을 받고

단 하루라도 허락해도 될까요?

내 남자의 로망이라니요

늘 하나만 아는 사람

설령 당신에게
열 가지의 단점이 있었다 해도
열을 다 덮고도 남을 장점 하나가
분명 당신에게 있습니다
내가 당신을 택한 이유입니다

한 가지에 꽂혀 깊이 빠지는
남다른 근성과 집념 그리고 신의는
당신 하면 떠오르는 일상입니다
걸어온 길도 오직 한 길
참으로 단단히 다져왔습니다

당신이 머물렀던 흔적은
세월의 덮개가 빛나는 업적으로 쌓여
지금 여기 와 있습니다
당신! 처음부터 이런 사람이라는 걸
진작 한눈에 알아봤습니다

사람 속에서 빛나는 당신입니다
하나만 아는 사람이지만 강인한 면 뒤에

늘 따뜻한 정이 숨어 있는 당신입니다

세월 비껴가는 사람 없다지만
변하지 않는 사람은 있을 터
그 사람이 당신이면 좋겠습니다

늘 하나밖에 모르는 이여!
그러기에 순수한 당신을 존경합니다
그리고 많이 사랑합니다

평소 금요일에 퇴근하는 기분으로

무계획 속의 계획은 참 편리하다
리타이어retire!
새 타이어를 갈아끼고 새로운 출발이다
또 다른 세상을 얻는 기분이다
뒤로 미루는 일이 많아진 일상이 좋다

퇴임 날이 금요일
마음에 미동 없이 교문을 나와야
퇴직이 아닌 퇴근한 일상이 된다

어느 날 문득, 알람 놓친 놀라움에
허둥대고 출근할 것만 같은 습習

'평소 금요일에 퇴근하는 기분으로'
내가 그린 퇴임 컨셉을 멋지게 실천한다

무탈한 인연

즉문즉답으로 무심한 듯 툭툭
토스 없는 짧은 패스
자연스레 받아 치고 넘긴다

핑퐁처럼 척척 주고받는 캐미
티키타카가 경쾌한 리듬을 탄다

일상에서 찰떡궁합처럼
호흡이 잘 맞아떨어지니
소통으로 만사가 찰싹 감긴다

은근하게 군불을 지핀다
은근한 것은 오래 간다
인연 중에 가장 좋은 인연이다

일상을 숫자로 쪼갠다

습관처럼 숫자를 센다

도마 위에 재료는 다섯 등분
과일도 다섯 쪽씩 자른다
타임과 알람도 다섯에 맞추고
빨래 헹굼도 그렇게 고집한다

물 한 잔 뺄 때도
커피를 내릴 때도
완급 조절을 하면서
숫자에 맞출 요령이니
참으로 억지춘향이다

그는 5가 난 4가 좋다는 귀동냥
가족은 다섯으로 통일하고
나만 숫자 4로 마무리한다

내 것은 서둘지 않아도 된다
기피하는 숫자라 고르고 남으면
자동 내 것이 되는 숫자이다

락커 룸도 그렇게 선택하고
미팅 번호를 뽑을 때도 편했다

그저 좋다고 해서 생긴 습이지만
내가 봐도 웃을 일
속으로만 세니 가족도 모르는 일
숫자놀이라도 참 억지스럽다

잉어와의 짧은 인연

갈대와 억새가 바람에 춤을 추는 소리의 섬
오케스트라 지휘자에게 온몸 맡긴 악기처럼
제 몸의 소리를 내고 있다
비내섬에서 바라보는 석양에 늦가을 여심이 붉다

노을이 은은하게 퍼지며 강물에 닿을 듯이 내려온다
시선이 따라내리다 발견한 돌덩이에 버거울 만큼 걸쳐 있는 잉어
잡고 있던 내 손을 밀치고 주저 없이 들어가
팔뚝만 한 잉어를 안고
얼떨떨한 표정으로 나를 보고 서 있다

그의 등 뒤로 석양이 조명처럼 쏟아지고 바람이 효과음을 내주니
영화 속 절정을 이룬 한 장면의 주인공처럼 근사했다

슬쩍 꼬리를 쳐도 튕겨나갈 정도인데 미동도 않는다
돌덩이도 잠기지 않는 얕은 물이라 몸에 물기가 거의 없다
물길이 아닌 곳에 잘못 들어왔는지 일광욕하고 있던 중인지

낮잠을 자다 귀가 시간을 놓친 것인지 탈진한 것 같아 안쓰럽다

궁금증을 캐기보다 살려야겠다는 생각인 듯
제법 물살이 있는 중간까지 들어가서 놓아주는 그가 참 좋다
한두 번 퍼덕거린 것이 아마도 감사 인사 아닐까
물 만난 잉어가 쏜살같이 물살을 헤치며 간다
흔적도 없이 간 그곳을 흐뭇하게 바라보고 있다

살았구나! 스쳤던 좋은 인연이다
잉어도 우리와의 인연을 가끔은 기억해 주겠지…

2부

햇살이 머문 자리

생각 폴더방

덧칠 없는 수채화 같은 오늘이 좋다

아이의 눈에 비친 세상이 무지개색이라면
중년의 여인이 보는 세상은 어떤 색일까?

웃고픈 마음도 울고픈 마음도
여러 개의 다양한 색을 쪼개내고 있다

폴더방이 늘어나고 있다
중년의 여인이 좋아하는 수납장처럼

내 마음이 보고 그린 대로
내 마음이 읽은 대로 만들어진 세상에서
낯선 세상인 것처럼 살고 있는 것은 아닐까?

나만의 루틴

옷 매음새를 다듬고 맘 잡고 들어가려고

커피도 내려다 놓고 방문도 활짝 열어놓고

대낮인데도 환하게 불을 켜 놓는다

집중을 깰까 봐 생수도 미리 대령해 놓는다

클레식 명곡까지 한껏 폼을 잡아놓는다

거실 소파에 앉으면 바로 보이는 서재

커피향이 유혹하고 있지만 애써 외면한다

손만 씻고 들어가려다 또 샤워를 한다

눈앞의 소소한 것들을 치우다가

판을 키워 어이없이 냅다 청소를 한다
〈

갑자기 화분에도 물을 주고 싶고

조용히 있는 쿠션도 다시 매만져놓고

자꾸자꾸 딴청을 부린다

나에게 서재는 쉽게 들어가기도 어렵고

들어가면 나오기도 어려워 날밤 새우는 방

들어가기도 나오기도 어려운 서재다

습이 되어버린 나만의 루틴을 고백한다

템플 스테이
-진관사에서

나는 교인이다
직분을 받은 집사다

호기심 발동하여 출발했지만
임박해 올수록 마음에 갈등이 인다
편치 않은 마음에 죄짓는 기분

내비게이션이 목적지 안내를 종료한다
후회는 급 체념 무드로 방향을 전환한다

초입의 장미 터널 위에 대형 문구가 날 살렸다
'종교를 떠나 문화로!'
다시 크게 소리내어 읽으며 안도한다
'종교를 떠나 문화로!'

여기 온 이유를 와서 찾았다
마음의 부딪힘을 에둘러 합리화한다

이제서야
천 년 고찰인 진관사의 풍광이 눈에 안기고

바람을 만나 소리를 내는 풍경 소리가 정겹다

무념무상으로 빠지게 하는 목탁 소리의 깊이도
계곡의 물소리도 제법 청명하게 들린다

환복하면서 템플 스테이가 시작이다
스님들의 발우공양鉢盂供養*이 궁금하다

염불에는 마음이 없고 잿밥에만 마음이 있는지
전통 사찰음식도 108배의 체험도 뒷전으로
마음의 짐이 해소되니 일단 배가 고프다

* 발우공양鉢盂供養 : 절에서 승려들이 발우로 행하는 식사를 이르는 말.

화선지

세상을 다 담아내고
천지의 향내를 스며들게 하는지
품지 못할 것이 없는 엄마의 품이다

먹물을 소통하듯 포용하고
농담濃淡으로 우물처럼 깊게도
연기처럼 옅게 피어나게도 하는지

오묘한 묵향에 취하고 화선지에 반한 날에
걸러야만 받아지는 나의 일면을 생각한다

부메랑

애초부터 미련 없이
보낸 것이 아니었나
기다림 없이도 아니었나
더 크게 더 깊이
되받아 돌아오는 잔영들
시간의 흐름은 도돌이표처럼
주기적인 반복으로 방점을 찍는 사이
후회는 이미 등 뒤에 와 있다

그때 왜 그랬어요

그때 왜 그랬어요

자갈치시장 앞 밤바다 위에
진노란빛 네온사인에 담긴 글귀가
발목을 잡는다

그때 왜 그랬어요?
내게 질문을 던진다

훅하고 들어온 돌직구에
한순간 일생이 다 쏟아져 나온다

그때 왜 그랬어요

향내를 지닌 여인

 백화점을 지나다 문득 충주 여인이 생각나서 바로 샤넬 화장품 매장을 들렸단다 내게서 떠오르는 첫 느낌과 향의 잔향을 기억하며 사 왔다고 뜻밖의 선물을 내민다 적어도 그 선물을 고르고 사는 동안엔 오직 내 생각만 했을 것을 생각하니 온몸에 따뜻한 온기가 느껴진다 그는 나지막한 목소리로 내게 '향이 있는 여인'이라고 말을 건넸다 향을 기억해 줄 수 있는 사람이 내게 생긴 것이다 어느새 내 마음 한편에 자리하고 있는 서울 여인이 떠오른다 누군가의 마음속에 오래 머무는 사람이 진정한 향내를 지닌 그 여인이 아닐까? 혼자만의 독특한 향을 갖고 있는 사람보다는 향내가 나는 그런 사람이 되고픈 지금이다 '꿈속의 사랑'이라는 꽃말을 지닌 천년 향은 그 향내가 천리를 간다는데 부럽다 선물 받은 향수를 꺼내 향을 맡으며 화장대위에 올려놓고 또 그녀를 생각한다 여리지만 강인한 여인, 제발 아프지 말라고 그를 위해 기도한다

그래야 했지요

흔들리는 대로
모르는 체해야 했지요
그래서 지금이 있습니다

내보인 감정도
모른 척해야 했지요
그래서 오늘이 있습니다

아픔도 멋진 이별 앞에서
아름답게 존재합니다

다독일 수 없는 상처일수록
꽃으로 피워야 아물 수 있습니다
그래야 꽃이 된 사랑을 볼 수 있지요

그래야 했지요
제 잎을 떨구어 낼 줄 아는
시월이 아름다운 이유입니다

황금 나무

훌쩍 떠난다
마음도 배낭도 비운 채
새것을 담을 채비한다

인산인해의 또 다른 풍경 길
유명세의 몸살을 앓는다

암산만 한 풍채로 황금 옷을 입은 은행나무
천 년을 바라보는 역사의 증인이다
세상 풍파를 대변하는 인내로 다져진 밑둥과
신목神木의 성스러움에 압도당한다

혼자서도 외로울 새 없이 우뚝 돋보인다
옥좌에 앉아 황금빛 왕관을 번쩍 치켜올리는 기세
무수한 세월 버텨온 숭고함으로 경이로운
위풍당당한 천연기념물 반계리 은행나무

몽골을 말한다

광활한 대자연의 초원에 서 있노라
일출보다는 일몰의 황홀함으로
자신을 닮은 풍경에 마음이 더 간다

손때가 묻지 않은 자연 그대로
끝이 없어 보이는 드넓은 초원의 몽골

야심을 초월한 본능적인 감성의 눈빛들이
마치 셀 수 없는 별처럼 쏟아진다

별과 달과 구름과 태양을 숭배하며
양 떼와 말들과 사막의 낙타들과
자연 속에 오롯이 일체가 되는 신성한 곳

장작불 지피는 게르에서의 유목민
목초지를 따라 옮기며 자연에 순응하는 삶

며칠간 머문 유숙객들이
그들의 지존인 순수함을 과연 엿보았나

이곳에 와서 무엇을 느끼고 가는가

석양에 비치는 노을의 황홀경에 취한 밤
온천지를 용광로처럼 붉게 달구는 일출로
천지 창조의 장엄하고 오묘함이 여기서 열린다

새벽을 깨운 벅찬 감동이 내 안으로 파고든다
대자연 앞에서 숙연해지는 나를 본다

위대한 칭기스칸의 혼불이여!
요란한 말굽 소리가 진취적인 기상으로 적막을 깬다

드넓은 사막에 세찬 바람이 뒤엉켜져 울부짖는 소리
휘몰아치며 포효하는 심오한 자연의 울림이
독특한 흐미*창법으로 육신을 털어내며 영혼을 부른다
초원 속의 몽골이여!
몽골의 허르헉**요리로 온몸을 녹이며
무언의 눈빛으로 그들의 따뜻했음을 기억하리라

* 흐미(창법) : 몽골의 전통 배음 창법을 말함.
** 허르헉 : 불로 달군 돌로 쪄서 만든 양고기(몽골의 대표 음식) 요리.

시월을 접는다

올 일 년도 작년과 같이
다 읽은 책처럼 접고 있다

코로나로 무색해진 단풍도
모멸감에 성급히 자리를 비우고

막 내린 무대처럼 외면한다
메마른 심정을 대변하는 낙엽만
정신 사납게 나뒹굴고 있다

관심 밖으로 밀려난 시월
그 시월이 서글프고 아프다
올가을도 더는 미련이 없다

다 읽은 책처럼 조용히 덮어서
책장 한 모퉁이에 꽂아놓는다

곱돌 체험
-활옥동굴에서

곱돌로 글씨가 써져요
들기도 힘든 큰 곱돌을 끌어안고 써본다
콘크리트 바닥에 쓴 세 글자 '장은우'
"다음은 누나 차례!"
누나는 곱돌이 흰색 파스텔 같다면서
'예쁜 장은서'에 하트까지 그려 넣는데
짓궂은 은재 형은 손으로 발로 지워대며
까르르 까르르 동굴 안에 웃음소리 울려요

곱돌가루를 손등에도 문질러보네요
매끈거리고 간지럽고 부드럽다고
볼에 살짝 비벼보며 부끄럼을 타네요

얼굴을 하얀 곱돌가루로 분칠하고
서로 쳐다보다가 홱 하고 고개를 돌려도
까르르 까르르 참았던 웃음보가 빵 터져요

가끔은 일탈을 꿈꾼다

쓰다 남은 시간처럼
자투리 시간을 모아 보는 여유
또 다른 공상에 빠진다

잔잔함에 무심코 충동이 인다
훨훨 나는 날갯짓을 흉내 내는 지금
목적지가 딱히 없다

생각으로도 멀리 날지 못하고
바스락 소리에도 정신이 바짝든다
유턴하면 곧장 제자리
매번 이럴 거다 알면서도
막연하게 멋진 일탈을 꿈꾼다

순간에도 생각은 오만가지
-골린이의 단상

백스윙을 올리는 그 순간에
오만가지 생각이 매달린다

고심 끝에 내려친 결정타는
생각 없이 친 것처럼 그저 허탈하다

해저드 앞에서 로스트볼로 바꾼다
아예 빠질 준비를 하나보다
그런 볼은 죽지 않고 페어웨이에 안착하여
종일 나를 따라다닌다

새 볼은 애착이 있어 안전하게 쳤는데
야속하게 해저드로 들어가 물보라를 친다

필사즉생必死則生 필생즉사必生則死
여기다 붙여도 말이 될는지

늦바람이 낫다
-골린이의 단상

진작 만나지 못한 것을
아쉬워하는 연인처럼
늦게 만난 만큼
오래 너를 만나고 싶다

아무 일도 손에 잡히질 않는다
왜 이제야 너를 만났는지
더 젊어서 만나질 못한
인연이 야속하다

철모르고 피는 꽃도
무심히 반겨주는 필드에서
새벽을 여는 사람이 되어
하루가 징하게 행복하다

혹시나 하는 설레임에
말릴 이유도 없고
멈출 생각도 없다
늦바람이 나도 겁난다

당신답다

퍼실리테이터˚와 함께한 시간
대화의 촉진을 위해 내게 질문을 한다

10점 만점으로 오늘의 기분 점수는?
가볍게 8이라고 말한다
오늘보다 내일이 더 설레기를 기대하며
2는 남겨두었다고

요즈음 당신의 화두를 말한다면?
소통이라고 즉답했다
진정한 소통은 입을 통해서
바로 귀로 가는 것이 아니라
가슴에 전달되어 내면까지 이해할 때
비로소 진정한 소통이라고

주변 사람에게 듣고 싶은 말이 있다면?
서슴지 않고 말했다
"당신답다"라는 말이 듣고 싶다고

언제 어디서나

내가 어떤 말을 했을 때도
내가 어떤 행동을 했을 때도
늘 "당신답다" 이 말이면 충분하다고

* 퍼실리테이터facilitator : 진행을 원활하게 이루어지게 돕는 역할자.

별장지기

이변의 연속이다
지인과의 특별한 인연으로
별장지기로 살아보고 있다

카페지기는 이상으로 지키고
별장지기는 낭만으로 지킨다

카페지기는 누군가의 인기척을 기다리지만
별장지기는 기다리지 않아도 오는 그리움이 있다

쌓이는 것은 소리를 내지 않는다

찬란한 밤이었나 보다
하얗게 밤을 새워서 일까
밤새 소리 없이 내린 함박눈이
요란한 세상을 잠재웠다

엄습해오는 찬기운이 맵차지만
구스이불을 덮은 듯 포근해 보인다
치부를 드러낸 앙상한 나무에도
밤인 줄 알아서 일까
조용히 설화雪花를 피웠다

온 세상 까만 밤이 되면
오색의 빛이 내리고
마음 속 그림같은 심상들이
가슴 가득 시심으로 쌓였다

언제부터 스며든 것인지 모르게
쌓이는 것은 소리를 내지 않는다

3부

작지만 큰 의미

시詩에 고告한다

산고의 시간이 흘렀다
때가 되었기에 감히 꺼내 놓는다
신줏단지처럼 하나 가득 담아논 너를

쓰지만 이로운 풀 익모초益母草처럼
밖으로 제대로 풀어 놓을 때는
누군가를 치유할 수 있는 명약이 된 줄

내 안에서는 참으로 근사했거늘
내 뿜어 놓은 너는 설익은 채
겉모양만 웃자라 유약하기 그지없다

가볍기는 새털 같고
때깔도 제빛을 내지 못하고
글 향도 불향에 어림도 없는데
너를 숙성시키지 못한 채 겉시늉을 한다

언제쯤 우렁차게 탄생할 수 있을까

신뢰를 줍는다

추수를 마친 들녘에서
허리 굽혀 이삭을 줍는 사람들
밀레의 명화 속 풍경처럼
늦가을의 정취가 평온하기만 한데

바닥을 두리번거리는 사람들
잃어버린 물건을 찾듯이
떨어진 신뢰를 성급히 줍는다

명예도 추락했으니 찾아야겠고
인격도 떨어졌으니 주어야겠다
연실 허리를 굽혀야 하는 해프닝
떨어뜨리고 줍기를 반복하는 일상

생각 밖의 기억 털기

눈앞에 매달려
알짱거리는 기억도 불쾌하다
어느새 마음속의 주인이 되어
꽈리를 틀고 앉아 불쑥 들어낸다

폰에 잠자고 있는 모든 것을
매달고 있을 이유가 없다
애초부터 모르는 거다
마음에서 지우니 기억 밖의 일

세월 품듯 수많은 날들이
생각 주머니를 만들고
견디다 못해 비집고 나온다

기억을 지우는 작업이 처방이다
생각 밖의 기억 털기다

기억을 포쇄曝曬 한다

오롯이 나만의 공간을 찾아 나선다
산그림자 내려오는 즈음이 되면
나를 소환하기 딱 좋은 최상의 조건

빌딩 숲에서 매캐한 회색의 숨이 깔깔하다
도심의 소음들이 합세하고
잡다함이 소용돌이치는 늘상인 오늘
서둘러 비상구를 찾는다

사방으로 엮인 조각보 같은 인연을 들춰내니
어느새 시간이 훅하고 곤두박질을 친다

겹겹이 쌓아놓은 소소한 일상들이
하나둘 벗겨지고 씻겨 나간다
꿈처럼 바람처럼 물처럼

기억을 녹이는 데 시간이 오래 든다

잡동사니 추억을 늘어 놓기 좋은 날
바람과 햇볕으로 기억을 포쇄*하듯 펼친다

퇴색되지 않게 소중한 추억을 간직하기 위해
지금 나를 소환하는 중이다

* 포쇄曝曬 : 물기가 있는 것을 바람에 쐬고 볕에 말림.

알레르기 반응

거부를 한다
A와 B가 충돌을 한다
견디어온 내면에도 뾰루지가 솟는다
일반적이지 않는 민감한 특이성에
피부에도 붉은 반점을 만든다

자외선은 차단제로 효과를 보고
오염된 공기는 청정기로 정화를 시키고
접촉성 염증은 부딪침을 피하면 되지만

일상적이지 않는 이질감의 관계에는
C와 D가 부딪쳐 표출된 감정들이
노출된 현상에서 유해물질로 오니
저항력으로 대항할 수밖에

짜깁기와 뒤집기

인내가 필요한 짜깁기
본래의 모습에 가까이 직조를 맞추고
한 땀 한 땀 꿰매는 흠집 없는 작업이
톱니바퀴처럼 맞물려간다

어설플 수 없는 수선책이다
고도의 재주를 요하는 기술에
인내와 시간이 공존해야 얻는 결과물

뒤집기로 반전을 시도한다
여기저기 다사다난한 실타래
쉽게 푸는 속셈에 속이 덜 시끄럽다

변화가 무쌍한 조석지변
한 판의 요지경 세상 속을 엿본다
손바닥 뒤집기처럼 잽싸다

기대지 마세요

엘리베이터가 열린다
기대지 마세요!
출구 안에 붙여진 주의 스티커

눈으로만 본 것인데
큰소리로 들린다

흘려 읽은 문구에서 멈칫한다

오늘은 이렇게 읽힌다
누구에게도 기대지 말자!
경고 스티커 한 장을 내게 붙인다

오늘도 절필絶筆하려고 글을 쓴다

내 마음의 감성 한 뭉치가
눈앞에 활자가 되어 읽히면

마음 깊은 곳에서 출렁이던 소리가
귀를 자극할 때면

한바탕 마음의 몹쓸 홍역을 치룬다

함부로 내뱉고 주워 담지 못한 말에
설익은 땡감처럼 혀끝이 떫다

묵언 수행하는 수도승처럼
마음을 먼저 정화하고 볼 일인데

절필을 외치면서 지금 글을 쓰는 까닭은
아직 마음에 가득하지 못함이다

잘 빚은 시 몇 편에 마침표를 찍고
주저없이 절필하고 싶은 욕심

오늘도 절필하려고 글을 쓰고 있다

작은 것의 큰 의미

핑 도는 눈물 한 방울 찔끔도
보이지 않은 요동을
내공으로 담금질할 때
견디다 못해 올라와
뜨거운 것에 덴 듯
붉게 물이 드는 큰 의미

코끝 찡한 초고속 반응도
한 움큼의 뭉클함이
밑바닥을 치고 올라와
고추냉이에 쏘인 것처럼
코끝에 매달려 숨지 못하고
재채기로 총량을 줄이는 큰 의미

추락하는 시詩

잔치를 벌인다고
글의 향기를 전한다고
냅다 풍악을 울려댔다

판을 깔아 놓으니
좌판 위에 먼저 눕는다

얼굴을 내다 놓는 건지
시詩를 내다 파는 건지
주인 닮은 명함이 춤을 춘다

글이 짓뭉개지는 순간
추락하는 시詩가 요란하다

흥정을 한다
글이 쓰고 술이 달다
술이 쓰고 글이 달다고

오늘이 장날이고 장터라면 웃겠다

침묵하는 시詩가 눈에 들어온다

군중심리群衆心理

떼로 몰려든다
떼로 몰려간다

맑은 시냇물에 송사리 떼
수족관에 줄지어 다니는 네온테트라 무리
바다에서 만난 고래 떼의 화려한 군무群舞
줄지어 나름 바쁘게 가는 개미 떼
몽골에서 자주 보는 양 떼들
펄벅의 대지에 등장하는 메뚜기 떼
메이데이를 외치게 한 거창오리 떼
벌집을 건드릴세라 공격하는 벌 떼

움직이는 떼는 늘 위협과 위력에 동반한다

꽃들은 꽃들끼리 나무는 나무끼리의 무리는
아름다운 볼거리가 되고 포토존이 된다
유채꽃밭이 청보리밭이 그러하며
코스모스길이 그러하고 수선화가 군락을 이루고
은행나무길이 그렇고 자작나무길이 그렇다
벚꽃나무길이 대나무 숲길이 그러하니

한곳에 정착해 있는 군락은 평온하고 아름답다

사람들이
떼로 몰려다니고 무리를 이루는 것은
집단에서의 고립으로 오는 외로움과 두려움일까
군중심리에서 오는 나약함일까
서로들 그런 말을 하면서도 몰려다닌다

* 네온테트라 : 아마존에서 서식하는 카라신과이며 은백색과 연한 파란색의 형광색을 띤 열대어로 반점을 빼고는 투명하며 무리를 지어 다니는 특성의 입문종.

인간 뇌비게이션을 작동한다

가끔은 가고 싶지 않을 때가 있다
머물기 싫을 때가 있다
갑자기 멈추고 싶을 때가 있다

그런 마음으로 사물을 읽으니
세상은 내가 보는 대로 펼쳐지는 것 같다

힐끔 쳐다본 시계가 멈춰 있다
마음의 멈춤 신호에 걸려 있는 듯
순간 심정지라는 말이 떠오른다

살아 있는 것들은 언젠가는 멈출 것이고
일상은 아랑곳 않고 그대로 굴러간다고
멈춘 시계가 말하고 있다

어느 방향으로 가고 있는지
문득 내게 가는 길을 묻는다

마음이 전하는 대로 움직이고 있는지
속도도 조절해 가면서 잘 가고 있는지

〈
그리움이 배어 있는 길로 안내받고 싶은 날
오늘은 인간 뇌비게이션을 작동한다

생존전략 生存戰略

재주꾼이다

겨울잠을 잠으로

봄에 살아나고

겨울에 살려고

여름잠을 자둔다

생존을 위하여

보호색도 취한다

만물의 영장도

비장의 카드 하나

하면夏眠해볼까
〈

동면冬眠해 볼까

모든 것에 대한 예의

모든 것이 시$_{詩}$가 되는 계절
어디라도 가주어야 할 것 같은 마음이
계절에 대한 예의 아닐까

정성으로 식탁에 올려진 요리들
골고루 먹어 주어야 하는 것도
음식에 대한 예의일 것이고

출동 준비 마친 옷들을 한 차례씩
입어주는 것이 옷에 대한 예의 아닐지

재래시장에서의 정감 있는 흥정이야말로
관심을 보이는 물건에 대한 예의 아닐까

담벽을 허물고 창문을 내고 소통하는 것도
수줍게 내미는 미소에 대한 예의가 아닐까

지금 이곳에 내가 머무는 것도
내 마음에 대한 진정한 예의일지니

이치理致를 자연에서 배운다

나무의 잔가지는
비바람이 쳐준다

쳐주니 더 튼실해지고
상처의 아픔은 시간의 흐름으로
이겨내는 고통 분배를 배운다

수없이 매달린 잡념들이
고뇌의 프레임에 갇혀있을 때
우린 생각의 잔가지를 친다

박차고 나갈 의지로 정리하며
고인 물은 흘려보내 정화하고
우린 몇 곱절 홀가분한 해방감으로
비상구 같은 출발을 배운다

늘 그랬다
-오송 지하차도 참사

집중 호우豪雨가 미쳐 날뛰듯
밤새 광란의 밤으로 내몰더니
하늘은 아무 일 없었다는 듯
눈 부신 햇살을 내리쏟으며
어제의 일을 바싹 말려버린다

주변은 온통 가을가을하는 데
그들만 이곳에 없다

땅도 아무 일 없었다
현실도 아무 일 없었다
한 치 앞도 못 보는 안전 불감증의 일상
하루도 내 뜻대로가 아닌 것처럼
애꿎은 날씨만 불러내 질책한다

참혹함을 당한 이들은
생과 사를 다투던 참사 현장에서
지옥과 천당을 수없이 오가며
긴박하게 불러댔던 가족의 이름들
〈

그날의 사투가 가슴에 맺힌 채로
남아 있는 자들은 피멍 든 가슴을 움켜쥐고
이제는 반대로 대꾸 없는 이름들을
허공에 날리며 절규한다

왜 이런 세상에 우리가 사는 거냐고

말言

분류 배출 안 한 채 볼썽사납게 뒤엉켜
떠돌아다니는 발 없는 말들로
씁쓸해지는 일상의 허虛와 실實

세 치 혀로 경박해진 파편들이
겉치레로 포장되어 택배가 되고
삽시간에 일파만파
보낸 이도 받는 이도 없는 주소 불명
임자 없는 배달 사고만 늘어난다

말로 맞았는가? 말에 찔렸는가?
누군가의 존재를 빼앗아가고
황폐한 사막의 분진 같은 존재로
시공을 초월하는 오염물이 되어
서로 승자 없는 패인이 되고 마는데

부메랑 되어 오는 말을 기쁨으로 받기 위해
말의 분류 배출을 신중하게 가려내길
미세먼지 관계없이 마스크 착용을 명령한다

생태계 교란종
-대금계국을 보면서

오가던 고즈넉한 시골길
둔덕마다 황금색 꽃밭 천지
노란 물감을 들어부어 물들은 길
멀리서도 시선을 강탈한다

따뜻한 첫인상과 다른 속내
근성은 생태계 교란종
이방인이 낯선 구역에 들어와
박힌 돌 빼내듯 주객이 전도되고
생태계를 문란시키며 괴롭힌다
번식력이 불씨 번지듯 확산하고

선입견으로 배타적이진 않지만
눈칫밥을 먹고 자라 맨탈이 강한지
잡초처럼 피폐한 여건도 굴하지 않고
정착하는 곳마다 제 집으로 진을 친다

생명력과 파괴력 거기에 적응력까지
너는 밉지 않지만 네 행위는 처벌감
대금계국은 낙인이 찍힌다

4부

일상의 한 조각 안부

겨울 여인

고결한 그 위상을 감히

닮고 싶은 순간이 있었노라

아무도 밟지 않은 새벽 눈길에

첫 발자국 내기를 즐겼노라

한 움큼 잡은 시린 순간은

범접 못 할 여인의 냉기로 닿았다가

이내 감싸 안는 따뜻함으로 오는가

둥글게 둥글게 세월을 굴리며

순백의 참 인간을 빚어 놓는가

천 개의 삶이 바람개비처럼 돈다

삶은 한 편의 모노드라마

객석의 반응은 몰입이면 족하다

받아들일 채비로 가슴 조아려준다

깊은 교감이 흐르고

쏟아붓는 열정에 온몸이 뜨겁다

우물 밑바닥으로 빠지는 중이다

블랙홀 현상처럼 휘말려 빨려간다

독백하는 주인공이 되어 서 있다

정석도 없이 길을 개척해 가면서

혼자 부딪치며 용케도 살아내는 것
〈

견디어 내고 기다리는 것이려니

너무 힘들게 애쓰지 마라

무심한 듯 내뱉는 말이 화살처럼 꽂힌다

막 내린 지금도 바람개비가 돌고 있다

온전한 내 것은 처음부터 없었던 것을

인식하지 못하고 사는가

평생 무상 임대로 알고 있는 자연을

그대로 돌려주어야 하는 의무를

애당초부터 무시하고 살았나 보다

적응하기에 변화하는 것인지

변화해야 하기에 적응하는지

본래의 모양은 오간 데 없이 탈바꿈되고

사용자의 입맛대로 변형되는 환경

원칙 없는 억지에는 유상 임대가 딱이다

붙잡고 연연해하는 수많은 집착도

정해진 그 기간만큼이 인연인데

온전한 내 것은 처음부터 없었던 것을

내 것인 양 안고 왔던 모든 것들

놓아주어야 하는 것을 알면서

뒤늦게 떠밀리듯 채비하는 미련함에

한 치 앞도 모르고 움켜잡고만 있다

명품 호박

항아리 위에 올려놓은
명품 같은 늙은 호박에서
진액이 항아리 등을 타고 내리고 있다

아뿔싸!
무관심하게 방치했구나
식물도 자리를 자주 옮기면
적응하느라 스트레스를 받는다

언젠가부터 발그레한 빛을 잃어가더니
살짝 들어보려는 순간
픽하고 손도 댈 수 없게 뭉그러진다

형체만 간신히 갖추고
속으로 곪고 있다는 것을 내 몰랐다
흘러내린 진액이 눈물인 것을
비명 한번 지르지 못한 채
겨우 보낸 애절한 신호였을 텐데

까맣게 타들어 가는 멍울을 후벼 파며

제 살을 도려내는 것을 눈치 못 챘구나

숨겨도 삐져나오는 그늘의 무게가
아물 수 없음을 아는 상처이다

힐링하기 1
-빠른 걸음으로

깨닫지 못한 그리움이
기억 밖으로 밀려난다

제 잘난 맛으로
늘 이른 마침표를 찍어 대며
싹둑 말미를 자른다

잰걸음으로 서둘러
생각을 다이어트한다

힐링하기 2
-느린 걸음으로

결 삭아 곰삭은 인연처럼
길든 곳으로 스며든다

시간의 축척 속에
늘 깨달음은 사방에 있고
온통 스승임을 알게 한다

은근한 불로 한약을 달이듯
오랜 시간 내면을 달구고 난 진액처럼
나는 더딘 시간의 약발을 받고 있다

정신 줄

또 잡아야 할 줄이 더 있다

처음으로 매달려 있던 탯줄을
힘차게 박차고 나왔다

가족의 줄을 잡고
학연과 지연의 줄을 잡고

인맥이라는 줄을 잡고
청실홍실 부부의 줄을 꽉 잡았다

아등바등 움켜잡았던 줄들을
비로소 자식에게 믿음의 줄로 내어주며
이제 겨우 다 내려놓는 법을 배웠는데

또다시 잡아야 한다는 정신 줄
이것만은 꼭 잡고 놓지 말라 하니
얽매는 욕심이 또 생기기 시작한다

아름다운 단상

보고픈 욕심 하나
계절을 타는 날엔
한 편의 시가 된다

새벽이슬에
숨죽는 낙엽처럼
제 몸의 소리를 낮추며
시월을 탐하는 여자

지독하게
계절을 타는 날엔
나는 시인이어야 한다

요물을 찾는다
-폰과의 인연

1
수시로 찾는다
손이 조용해지면 불안하다
식은땀이 흐르고 멘붕이 온다
경험자들은 이심전심으로
통화를 시도하며 좌불안석이다
수사하듯 밀도 있는 추적 조사 끝에
오래지 않아 용케도 너를 찾아낸다

2
나보다 더 나를 아는 요물
날갯짓으로 시공을 초월해가며
바이오리듬은 어떤 상태인지
일거수일투족을 낱낱이 저장하니
어느 때는 추억이나 어느 때는 족쇄가 된다
잠깐 곁을 비워도 몸살이 날 판이다
네가 배가 고프면 안절부절못하고
네 배가 부르면 내 오감이 여유롭다

3
함께하는 운명 공동체로 산다
너에게 투자하고 의지하는 시간에
짝꿍이 은근히 시샘하는 눈치다
얼른 미소로 받아치며 환기를 시킨다
무심한 듯 너를 휙 던져 거리를 둔다
시선은 돌려 있는데 신경이 더 쓰인다
마음은 또 너에게로 가고 있다

11월 1일

시월의 끝자락을 잡고
보내기 못내 아쉬워하는 이의 마음에는
아직 시월이 머물고 있습니다

뜬 눈으로 밤새 지킨 시간도 가고
결국 새달이 바뀝니다

어찌할 바 몰라 앓아눕는 밤
그리움으로 태어난 날이
그래서 시의 날이 되었나 봅니다

계절이 전하는 안부

뉘 알까
파고드는 그리움이
드러내지 못하고
흔들리는 까닭이

네 탓만이 아니라
계절이 주는 탓도 있다고
달래주는 가을입니다

하나둘 접어 둔 감성들이
태산이 되기 전
조금씩 꺼내 놓는 한 조각

딱 고만큼만

우린 늘
나이 먹은 고만큼만
알고 느끼며 살아간다는 걸
왜 이제야 알게 하는지

삼십 대에는 삼십 대만큼만
오십 대에는 오십 대만큼만
딱 고만큼만 알았던 것을
그때 이미 세상을 다 안 것처럼

혜안의 나이가
노력 없이 거저 얻어진 것이 아니라
삶의 곁에 차곡차곡 쌓여
부끄러운 줄을 알게 하는 지혜를 준다

나의 플랫폼

낯선 생태계 속으로 소통하듯
세상사 죄다 연결하는 플랫폼

거름망에 걸린 생각의 잔유물
캔버스 위에 색채의 마술사처럼
알록달록 마음의 때를 벗기고 광을 낸다

공유의 깊이가 투영되는 날에
비로소 나는 출구로 나선다

거우루 산방에서

소녀들이여!

드러낸다는 것은

이미 상처를 보인 것이다

아프다 외치는 것도

이미 치료되어감을 안다

밤샘하며 매달렸던 이야기

피돌기처럼 내 안을 파고 돈다

공유할 수 있다는 추억은 아름답다

유난히 까만 밤에 별똥별 하나

우리네 가슴으로 들어온다
〈

거우루 산방의 끝자락에서

해맑은 소녀들의 눈가에 꽃물 드는 밤

타임머신을 타고 여행을 한다

눈에 밟히는 아픈 별 하나

그리움만 남기고 멀리 사라진다

* 거우루 산방 : 거우루는 거울의 옛말이며 증평 좌구산 산기슭에 있는 농막.

표정 주름

시간 속으로 녹은 사연
소소하게 담은 인연들이
고스란히 눈가를 스쳐가며
계급장처럼 급을 올린다

거울과 은밀하게 교감한다
흔적 지우기로 유혹당하는 날에
선물 같은 말 '표정 주름'
반전 매력에 구미가 당긴다

충동이 싹 가신다
웃음이 만들어 낸 자연적인 업적
그 업적 공 없이 만든 것이 아니다

시월은

천지가 하나로
시간은 흐르고
불씨 번진 단풍은
휴화산을 마구 흔드는데
흠뻑 취한 절정에
하늘이 열렸나
돌아치는 소용돌이에
천장이 새는지
온몸을 적시며
묻어준 그리움이
그대 향해 피는 날
저녁별은
시월의 발목을 잡는다

이제야 삶의 감感이 온다

내 앞에 보이는 모든 것을

하나둘 안으로 깊이 품었다

마음에 창으로 보는 것이

더 선명한 표상으로 나타난다

보이는 것은 늘 요란할 뿐

품은 것보다 우월하지 않다는 걸

소중하다는 것은 더없이 귀한 것

보이지 않는 느낌으로 온다는 걸

이제사 어렴풋이 삶의 감感이 온다

자연이 내게 말을 걸어 온다는 것도

품고 나서야 오는 커다란 깨달음이다

첫걸음마 뗀다는 건

불끈 용쓰더니 벌떡 일어섰어요
아가도 화들짝 눈이 휘둥그레지네요

오뚝이처럼 일어서서 뒤뚱뒤뚱 시동을 걸어요

기저귀 밖으로 삐져나온 토실한 엉덩이에
절로 웃음도 새어 나와요

첫걸음마 뗀다는 건 세상을 세우는 기적같아요

■□ 해설

시적 완성의 지향과 깨달음의 미학

박현솔(시인, 문학박사)

 시인이 시를 쓰는 것은 물질적인 성취를 위한 것도, 명예를 얻기 위한 것도 아니다. 다만 시인으로서의 주어진 운명을 받아들이고 그것에 순응하며 살아가는 일이다. 그러기에 시인이 추구하는 시적 세계관은 자신의 삶 속에 녹아있는 감성을 오롯이 시로 형상화하고 삶 속에서 깨닫는 이치와 인간 존재로서의 의미를 진실하게 전달하는 것이기도 하다. 그러기에 시인이 되는 일은 작위적일 수 없고 운명의 흐름에 몸을 맡겨야 하는 원초적인 것이라고 할 수 있다. 따라서 시인이 시를 쓰면서 완성도 높은 작품을 창작하기 위해 모든 노력을 기울여야겠지만 완벽한 시를 써야 한다는 부담감으로 마음과 영혼이 억눌릴 필요는 없다. 시는 언어를 통한 자기 수련으로 자연스럽게 획득하게 되는 것일 때 가장 바람직한 것이 된다.

　이번에 시집 『오늘도 절필絶筆하려고 글을 쓴다』를 출간하는 김경인 시인은 여러 다양한 활동을 통해서 자신만의 시 세계를 확장시켜온 시인이다. 그리고 시에 대한 깊은 끌림 속에서 그것을 운명이나 인연으로 생각해왔다. 일반적으로 시집의 표제시를 선정할 때 시적 형상성이 뛰어나거나 그럴듯한 미학적 제목의 시를 선정하게 된다. 하지만 김경인 시인은 자신만의 깊은 애정이 드러나 있는 시를 표제시로 선정하였다. 그러한 것을 볼 때 그녀는 시의 본질을 간파하고 그것의 완성을 위해서 열정적으로 노력하는 시인임이 틀림없다. 시적 완성을 향한 끊임없는 노력과 삶의 완성을 향한 다양한 접근은 통찰력이 있는 주제를 낳고 깊이 있는 안목을 형성한다. 이 시집에는 시적 완성의 추구를 시작으로 가족들에 대한 사랑과 동음이의어의 의미확장, 순환론적 시간관과 자연의 이치, 삶에서 오는 깨달음 등 그녀의 시가 가진 시적 지향이 다채롭게 펼쳐져 있다. 이것은 오랫동안 시를 수련한 시인의 시적 포즈로 내면의 깊이와 사유의 세계를 대변하는 것이라고 할 수 있다.

1. 시적 완성의 추구

이번 시집에서 가장 먼저 눈길을 사로잡는 표제시부터 살펴보면,

내 마음의 감성 한 뭉치가
눈앞에 활자가 되어 읽히면

마음 깊은 곳에서 출렁이던 소리가
귀를 자극할 때면

한바탕 마음의 몹쓸 홍역을 치른다

함부로 내뱉고 주워 담지 못한 말에
설익은 땡감처럼 혀끝이 떫다

묵언 수행하는 수도승처럼
마음을 먼저 정화하고 볼 일인데

절필을 외치면서 지금 글을 쓰는 까닭은

아직 마음에 가득하지 못함이다

잘 빚은 시 몇 편에 마침표를 찍고
주저없이 절필하고 싶은 욕심

오늘도 절필하려고 글을 쓰고 있다
　　　　　　－「오늘도 절필絶筆하려고 글을 쓴다」 전문

"절필(絶筆)"은 붓을 놓고 다신 글을 쓰지 않는 것을 의미하는데 화자는 이 순간에도 "절필하려고" 글을 쓰는 행위를 이어가고 있다. 다만 단서 조항이 있으며 그것은 "잘 빚은 시" "몇 편"을 완성한 후에 절필을 하겠다는 것이다. 역설적으로 생각하면 화자는 완성도가 높은 시를 쓰기 위해서 최선을 다하겠다는 의지를 밝힌 것으로 읽힐 수 있다. "아직 마음에 가득하지 못"하기에 완벽한 시에 대한 갈증이 극대화되어 표출된 것이다.

여기에서 특이한 것은 시적 화자는 작품을 활자라는 시각적 이미지로만 바라보지 않고 "읽히"고 "귀를 자극"하는 낭송의 영역으로 끌고 간다. 즉 시적 화자에게 시는 시각적 이미지 외에 청각적 이미지가 더해진 복합적인 것이라고 할 수 있다. 이 두 영역을 다 충족시킬만한 작품을 완성하려면 시인은 얼마나 더 깐깐한 잣대를 들이대야 할까. 그만큼 화자는 다른 시인들이 작품을 완성할 때보다 몇 배는 어려운 기준을 정해놓고 시를 쓰고 있다는 얘기이다.

2. 가족들에 대한 사랑

시인이 시에 대한 애정이 깊은 만큼 가족들에 대한 사랑도 그에 못지않은 것을 알 수 있다. 이러한 마음이 잘 드러난 시로 「오늘도 엄마가 웃었다」, 「무탈한 인연」, 「화선지」 등이 있다.

세상을 다 담아내고
천지의 향내를 스며들게 하는지
품지 못할 것이 없는 엄마의 품이다

먹물을 소통하듯 포용하고
농담濃淡으로 우물처럼 깊게도
연기처럼 옅게 피어나게도 하는지

오묘한 묵향에 취하고 화선지에 반한 날에

걸러야만 받아지는 나의 일면을 생각한다

-「화선지」 전문

　여기에서는 동양화를 보는 듯한 이미지와 시어들이 등장하고 있는데 "먹물" "농담" "묵향" 등을 통해서 시적 화자가 "화선지"에 깊이 매료되었음을 알 수가 있다. "화선지"는 "먹물을 소통하듯 포용하고" "농담濃淡으로" "깊게도" "옅게 피어나게도 하는" 특유의 성질을 가지고 있다. 이것은 어머니가 자식을 사랑하는 마음 혹은 "엄마의 품"과 같다고 할 수 있다. 반면에 시적 화자는 어머니의 사랑처럼 무조건 수용하기보다 일단은 "걸러야만 받아지는" 성격을 지니고 있기에 "화선지"의 소통과 포용이라는 철학적인 삶의 태도를 다시 한번 되새겨보고 있다.

　다른 시「오늘도 엄마가 웃었다」에서는 돌아가신 엄마가 평소에 강조하셨던 형제간의 우애에 대해서 깊은 의미를 두고 있으며,「무탈한 인연」에서는 남편을 향한 사랑과 인연에 대해 잔잔한 사유를 풀어놓고 있다.

3. 동음이의어의 의미확장

①

엘리베이터가 열린다

기대지 마세요!

출구 안에 붙여진 주의 스티커

눈으로만 본 것인데

큰소리로 들린다

흘려 읽은 문구에서 멈칫한다

오늘은 이렇게 읽힌다

누구에게도 기대지 말자!

경고 스티커 한 장을 내게 붙인다

  - 「기대지 마세요」 전문

②

또 잡아야 할 줄이 더 있다

〈

처음으로 매달려 있던 탯줄을
힘차게 박차고 나왔다

가족의 줄을 잡고
학연과 지연의 줄을 잡고

인맥이라는 줄을 잡고
청실홍실 부부의 줄을 꽉 잡았다

아등바등 움켜잡았던 줄들을
비로소 자식에게 믿음의 줄로 내어주며
이제 겨우 다 내려놓는 법을 배웠는데

또다시 잡아야 한다는 정신 줄
이것만은 꼭 잡고 놓지 말라 하니
얽매는 욕심이 또 생기기 시작한다

- 「정신 줄」 전문

  동음이의어는 언어유희의 일종으로서 음은 같지만 뜻은 다른 글자를 의미한다. 동음이의가 시에서 쓰일 경우 언어의 다의

성에 의해서 시적 효과가 극대화되는 효과를 보게 된다. 하나의 기표에 두 개의 기의가 존재하게 되고 두 의미 사이에는 그 어떤 연계성이 있기 마련이다. 즉 서로 다른 의미 사이에서 전체적인 의미의 연계성을 통해 또 다른 의미의 확장을 노리는 것이 동음이의어의 언어 유희적 성격이다.

①에서 "엘리베이터"에 "기대지 마세요!"라는 의미와 "누구에게도 기대지 말자!"의 두 가지의 의미가 존재한다. 이 두 의미 사이에는 무엇엔가 의존한다는 연계된 의미를 가지며 이러한 시어의 다의성을 통해서 언어유희가 이루어지고 있다.

②에서는 인간의 삶에서 "잡아야 할 줄"로 "탯줄" "가족의 줄" "학연과 지연의 줄" "인맥이라는 줄" "부부의 줄" 등이 제시되고 있다. 그 줄은 인간이 죽을 때까지 이어지는 것이고 거기에 더해 "정신 줄"까지 붙들고 있어야 한다는 각성으로 이어진다. 즉 "줄"의 연계성을 통해서 의미확장이 이루어지면서 인생에서 반드시 거쳐야 하고 붙잡아야 하는 것이 "줄"이라는 통일성을 통해서 언어유희가 작동하고 있다.

4. 순환론적 시간관과 자연의 이치

나무의 잔가지는
비바람이 쳐준다

쳐주니 더 튼실해지고
상처의 아픔은 시간의 흐름으로
이겨내는 고통 분배를 배운다

수없이 매달린 잡념들이
고뇌의 프레임에 갇혀있을 때
우린 생각의 잔가지를 친다

박차고 나갈 의지로 정리하며
고인 물은 흘려보내 정화하고
우린 몇 곱절 홀가분한 해방감으로
비상구 같은 출발을 배운다
— 「이치理致를 자연에서 배운다」 전문

동양에서는 인간 삶의 원리와 이치를 자연을 통해서 찾으려고 하는 경향이 있다. 인간과 자연을 하나로 보는 관점에 따라 자연에 순응하면서 법칙에 위배되지 않는 삶을 살려고 노력하였다.

이번 김경인 시인의 시집에서도 자연은 화자의 삶과 긴밀하게 영향을 주고받는데, 자연의 흐름과 변화를 통해서 다가올 미래를 예측하고 통찰함으로써 다각적인 시선을 획득하게 된다. 즉 순환하는 시간관을 통해서 생성과 소멸의 이치를 알게 되고 이것을 삶에 적용함으로써 인식의 틀을 세우는 방식으로 자연은 화자의 삶에 자연스럽게 관여하고 있다.

시적 화자는 "나무의 잔가지"를 "비바람이 쳐주"는 것을 보면서 자신의 삶에 드리운 수많은 사유와 "잡념들"을 정리할 필요성을 느끼고 있다. 그러한 자연의 정화 방식을 자신의 삶에 적용했을 때 화자는 깊은 해방감을 느끼게 되었다. 비록 그것이 "상처"이고 "아픔"일지라도 그것을 통해서 새로운 배움을 얻게 되고 이것은 화자가 새로운 출발을 할 수 있게 하는 근원적 힘이 되어주었다.

5. 삶에서 오는 깨달음

> 보이는 것은 늘 요란할 뿐
>
> 품은 것보다 우월하지 않다는 걸
>
> 소중하다는 것은 더없이 귀한 것
>
> 보이지 않는 느낌으로 온다는 걸
>
> 이제사 어렴풋이 삶의 감感이 온다
>
> ― 「이제야 삶의 감感이 온다」 부분

현대시가 추구하는 미학 중에서 깨달음의 미학은 어느 정도의 시적 수련을 거친 후에야 얻을 수 있다. 시인으로 등단하여 처음 시를 쓰던 시절에는 발견의 미학이나 표현의 미학에 더 흥미가 생기고 그것의 형상화에 집중하게 되는 것이 일반적이다. 그것은 자연스러운 일이고 어느 정도 시간의 흐름과 세월의 무게를 견딘 후에 조금씩 깨달음이 찾아오기 시작한다. 그렇게 시인이 나이가 들고 깨달음의 미학이 점차 구현되기 시작하면서 깊이 있는 삶의 성찰이 가능해진다. 이번 김경인 시인의 시집에서도 이러한 깨달음의 미학이 일정 부분 이상을 차지하고 있다. 형식적인 것의 모색보다는 내면적인 깊이에 더 마음을 쓰고 사유를 더해가는 경향이 짙다고 할 수가 있다.

여기에서 화자는 "보이는 것"보다 마음에 "품은 것"이 더 소중하고 귀한 것임을 알게 되었다. 다른 시 「힐링하기 2」에서도 "시간의 축척 속에/ 깨달음은 사방에 있고/ 온통 스승임을 알게" 되었다고 한다. 그리고 「딱 고만큼만」에서는 "나이 먹은 고만큼만/ 알고 느끼며 살아간다는 걸" 뒤늦게야 깨닫게 된다. 그리고 "삶의 곁에 차곡차곡 쌓여" "지혜를" 깨우치게 되는 이치를 나이가 들어서야 비로소 알게 된다고 하였다.

현대시가 추구하는 세 가지 미학인 발견의 미학, 표현의 미학, 깨달음의 미학을 한 권의 시집에서 모두 충족하기란 사실 쉽지 않다. 현대시의 미학은 시인의 성장에 따라 단계적으로 오는 것이기 때문이다. 이러한 미학의 특성을 알게 되면 김경인 시인이 왜 시적 완성에 갈증을 느끼고 있는지 짐작할 수가 있다. 시인이 시의 완성에 대한 갈증을 느끼고 있다는 것은 더 많은 시적 가능성을 내포하고 있는 것이다.『오늘도 절필絶筆하려고 글을 쓴다』는 제목의 시집은 사실 시인의 시에 대한 태도를 암

시한다고 할 수 있다. 시를 쓰는 일을 빨리 그만두고 싶다는 것이 아니라 끝까지 최선을 다해서 열심히 시를 쓰겠다는 의지로 읽힌다. 시인으로서의 운명을 겸허히 받아들이고 언젠가는 수작을 쓰고 말겠다는 결연한 의지로 해석된다. 자신의 시적 열정을 대놓고 말하기가 조금은 민망해서 시인은 이 시집의 제목을 역설적으로 뽑은 거라고 믿는다. 시인의 길은 고단하고 미래를 낙관할 수 없는 직업이지만 그 일에 매진하려는 의지와 열정은 누구보다 강하다고 하겠다. 김경인 시인의 시는 삶과 세상을 바라보는 사유가 독특하고 깊은 깨달음의 언어로 독자를 사로잡는 매력이 있다. 무한히 펼쳐지는 그녀의 시세계 속으로 걸어 들어가 충만하게 넘실대는 시적 정취에 깊이 빠져보시길 권유드린다.